CW00521665

Carrera
Tiempo

Arnaldo Calvo Buides

ISBN: 1523694076
ISBN-13: 9781523694075

Del autor:

Arnaldo Calvo Buides (Cuba, 1972)

Abogado, periodista y Experto en ajedrez.

Licenciado en Derecho por la Universidad de La Habana.

Ha obtenido importantes premios en concursos periodísticos, y es autor de los libros: Crónicas de mi vida, De un cubano en Chile y Gente de mi pueblo, éste último en coautoría con Nibaldo Calvo Buides, mediante los cuales comparte sus vivencias personales.

Además, sobre la temática de ajedrez ha publicado: Ajedrecista cubano, Reinas negras, ¿Son buenos los zurdos para el ajedrez?, Entrevistas, y, Reinaldo Vera, Gran Maestro del Centenario (éste en coautoría con Nibaldo).

En la actualidad vive en la República de Chile.

PRÓLOGO:

La vida es una carrera contra el tiempo por lograr nuestros sueños, nuestras esperanzas, nuestras metas…

Una nueva propuesta literaria pudiera ser uno de esos sueños, una de esas esperanzas, una de esas metas…Materializar la obra es el fin, y a su vez el comienzo de la siguiente.

Carrera contra el tiempo reúne vivencias personales, crónicas de mi existencia que he querido compartir con ustedes. Ha sido uno de esos sueños, una de esas esperanzas, una de esas metas que he alcanzado tras una carrera contra el tiempo.

El autor

CONTENIDO

CARRERA CONTRA EL TIEMPO

No iría más a la escuela. Así lo había decidido mi hermano Alfredo, quien tenía unos 14 años y entonces estudiaba en la Escuela Secundaria Básica en el Campo (ESBEC) J-31 Israel León, en nuestro natal Jagüey Grande (Matanzas, Cuba).

El recinto, que entonces combinaba el régimen de estudio y trabajo en plantaciones de cítricos, se ubica a unos 3 kilómetros del pueblo. Los alumnos salían de pase los fines de semana, el resto de los días permanecían becados, o albergados, como también suele decirse.

No podía dejar la escuela, insistió mi papá, y en su bicicleta se dispuso a llevar de vuelta a mi hermano, ante el descontento de éste porque, en contra de su voluntad, su decisión tomada momentos antes fue como palabras esparcidas por el viento.

Mi papá tuvo que dar la cara. Supongo que explicarle al director el motivo por el cual mi hermano no se había reincorporado a destiempo. Sabrá Dios qué le habrá dicho, lo cierto es que él regresó en su bicicleta y mi hermano se quedó en la escuela.

Bueno…. eso pensaba mi papá. Y es que luego de pedalear los 3 kilómetros de regreso a casa, qué sorpresa se llevó al ver que mi hermano había llegado primero que él.

Resulta que en cuanto mi papá dio la espalda al dejarlo en la escuela, mi hermano, a la velocidad de un cohete, tomó por un trillo que conduce al pueblo, por cuyo lugar muchas veces los alumnos se fugaban (me incluyo) para darse una vueltecita a la casa a comer algo.

Aquel día mi hermano Alfredo debe haber corrido muchísimo para aventajar a mi papá, lo suficiente para haber estampado una buena marca en los relojes.

LOS "MANDADEROS" DE NILDA

Cada vez que se le antojaba, mi vecina Nilda
recurría a mi hermano Nibaldo o a mí para
que le hiciéramos un favor, sobre todo ir a
comprarle el pan u otra cosa en la bodega de
Candito (debe su nombre a quien era entonces
su administrador), a unas cuadras de su casa
en nuestro natal Jagüey Grande (Matanzas,
Cuba).

Desde el portal de su casa, no hacía más que
avistarnos a lo lejos y enseguida nos llamaba
para que le hiciéramos algún "mandado",
como se conoce en Cuba cuando uno va a
comprar a la bodega, donde se expenden
productos liberados y otros mediante la libreta
de abastecimiento, o simplemente cuando se
le hace alguna diligencia a alguien.

Una vez que Nilda nos llamaba, nos decía que
la esperáramos un momentico, para entrar a la
casa a buscar el dinero y/o la libreta de
abastecimiento para que le hiciéramos el
"mandado".

Nosotros, niños al fin de unos 10 u 11 años,
cumplíamos obedientemente, y en unos
minutos (con el dinero y la libreta) Nibaldo y
yo salíamos hacia la bodega de Candito.

Pero llegó el momento de que ya estábamos
cansados de que una y otra vez nos estuvieran

tomando de ¨mandaderos¨. ¨¿Por qué no va
ella?¨, ¿por qué no van sus hijos?¨…,
interrogantes como estas nos fueron colmando
lentamente.

Pero, el problema estaba en que Nibaldo y yo
no sabíamos decirle NO a Nilda, siempre de
manera solícita cumplíamos con su petición...
Bueno, hasta un día que se nos ocurrió una
gran idea: Cuando Nilda nos llamó para cierto
¨mandado¨ y, como era habitual, nos dijo que
esperáramos unos minutos para buscar el
dinero y/o la tarjeta de abastecimiento,
Nibaldo y yo nos ¨desaparecimos¨, salimos
corriendo como bólidos y cuando la misma
salió no vio ni nuestras huellas por esos lares.
Si mi mente no me traiciona, días después
volvió a pedirnos que le hiciéramos otro
¨mandado´¨, y una vez más se la dejamos en
la mano, volvimos a ¨desaparecernos¨.

Fue suficiente para que Nilda ¨escuchara a
viva voz¨ nuestro mensaje, que
renunciábamos a seguir siendo sus
¨mandaderos¨ . Y juraría que nunca más nos
pidió que le hiciéramos ¨mandados¨.

REENCUENTRO EN FACEBOOK

CHICA PLÁSTICA

Jamás nos miró. Toda una vida como vecinos en nuestro Jagüey Grande natal (Matanzas, Cuba), toda una vida obviándonos, como si no valiéramos nada. Las veces que por coincidencias nos cruzábamos en la misma acera, cual caballo (¿o yegua?) con orejeras, miraba de frente, seria. Y es que nosotros no existíamos para ella.

Mi hermano Nibaldo y yo tuvimos una vecina así. ¨Era una chica plástica de esas que veo por ahí, de esas que cuando se agitan sudan Channel number 3, que sueñan casarse con un doctor, pues él puede mantenerlas mejor. No le hablan a nadie si es igual, a menos que sea fulano de tal…¨, al decir de Rubén Blades en su tema Chica Plástica.

Esa vecina de nuestro Jagüey Grande vivía en su mundo plástico, se creía la mejor de todas, se creía la más bella, la más sexy, la más rica, se creía que tenía a Dios cogido por la barba. Se movía en un mundo plástico, sus amigas y amigos eran como ella, plásticos. Qué más se podía esperar de ella.

Jamás nos miró. Tal vez por ser negros, o quién sabe si por provenir de un hogar de familias humildes, y no estar en condiciones de especular y llevar una buena vida como ella que en su mundo plástico estaba acostumbrada.

Ahora mi hermano, esa vecina nuestra y yo vivimos en el extranjero. Y vaya ironía del destino, nos la encontramos en Facebook, y resulta que, cual amnesia, tal parece como si a ella se le hubiera olvidado lo plástica que siempre fue, que siempre nos obvió, e intercambia mensajes con nosotros. Como si nada.

Nibaldo y yo no hemos querido ser irrespetuoso con ella. Hemos intercambiado. Le estamos dando una gran lección de vida, de humildad, de sencillez… En lo que ella se sumergía en su mundo plástico, nosotros nos hicimos profesionales, nos abrimos paso en nuestras vidas, nos ganamos respeto en sociedad; en cambio, ella, aquella chica plástica de esas que veo por ahí, quedó varada en el tiempo.

GENTE NUEVA

En el Pre Universitario Máximo Santiago Haza (J-4) en nuestro natal Jagüey Grande (Matanzas, Cuba) Nibaldo y yo tuvimos como profesor de la asignatura Matemáticas a Quintero. Así todos lo conocen, por uno de sus apellidos.

Siempre manteniendo el respeto entre alumno-profesor, nosotros hicimos buenas migas con él. Tiempo después, cada vez que nos encontrábamos en el pueblo, de manera jocosa le decíamos: ¨2+2 son 5, tú nos lo enseñaste así….¨ en tanto él nos reciprocaba con una sonrisa y se aprestaba a conversar con nosotros.

¨Gente nueva, gente nueva…siempre son los mismos, Raymond, Julito…¨, así solía decir Quintero en clases ante la propuesta de algún ejercicio y los mencionados eran los que siempre levantaban sus brazos para ir a la pizarra a dar respuesta. Y a Nibaldo a mí nos daba gracia eso de ¨Gente nueva…¨, pues así es como se llama una reconocida editorial en Cuba. Suponemos que él usaba a propósito dicha expresión.

De Quintero jamás se nos olvidará aquel día en que el subdirector docente de apellido Machín se encontraba visitando la clase de

Matemática en nuestro grupo.

Entonces Quintero, de mesa en mesa, comenzó a revisar la tarea que nos había dejado el día anterior. Al llegar a nosotros (Nibaldo y yo nos sentábamos juntos, compartíamos la misma mesa) de repente retumbó en todo el aula: ¡Otra vez los jimaguas (gemelos) sin hacer la tarea!…¨

Lo gritó a propósito, remarcando el ¡Otra vez!, para que el subdirector Machín (sentado algo distante de nosotros) se enterara de que no era la primera vez que incumplíamos con las tareas.

En verdad, no era necesario que Quintero crease esa atmósfera. Pero, lo entiendo, Nibaldo y yo éramos de esa ¨ Gente nueva, gente nueva…, que tanto él pedía en clases. Seguramente hubiera guardado silencio si se tratase de Raymond, Julito…, los mismos que siempre estaban dispuestos a ir a la pizarra a responder cuántos ejercicios él propusiese.

RISAS DE LLANTOS

¨Tienen que venir con sus padres…¨, así de tajante fue Chuchi, entonces director del Preuniversitario en el campo Máximo Santiago Haza (J-4), en nuestro natal Jagüey Grande (Matanzas, Cuba), donde estudiábamos mi hermano Nibaldo y yo a principios de los 90´.

No recuerdo por qué motivo de indisciplina nuestra fue que Chuchi tomó tal decisión, a quien aún recuerdo con su gran bigote y caminar y hablar lentos. Era muy respetado por los alumnos y trabajadores.

Cierto es que mi hermana Leticia acudió en nuestra representación, y allí estábamos, reunidos, en la dirección del recinto estudiantil, Chuchi, Julio (subdirector internado), Leticia, Nibaldo y yo.

Tanto Chuchi como Julio se explayaron en darles quejas a mi hermana sobre nuestro comportamiento en la escuela, mientras Nibaldo y yo solo atinábamos a mantener la cabeza gacha, escuchando; pero eran tantas las descargas de Chuchi y Julio que Nibaldo y yo no pudimos aguantar más y se nos fue unas carcajadas. Tal pareciera como si nos hubiéramos puesto de acuerdo.

¨ ¡Ah!, ¿llorando ahora?¨, Chuchi o Julio, no

recuerdo cuál de los dos, así expresó. Y es que, para suerte nuestra, confundieron las carcajadas con el llanto. De saber ellos la realidad, no dudo de que mi hermano y yo la hubiéramos pasado muy mal, pues Chuchi siempre fue un tipo bastante recto con los estudiantes.

CASI SIEMPRE

De mi tránsito por la Secundaria Básica recuerdo a muchos de mis profesores. Uno de ellos de la asignatura de Matemáticas, de apellido Aballí, que tuve en la Escuela Secundaria Básica en el Campo (ESBEC) XI Festival, en mi Jagüey Grande natal (Matanzas, Cuba).

Karateca él, alto, fornido, imponía respeto en el aula. No se me borra de mi mente cuando realizaba alguna operación matemática en el pizarrón y no solía dar la respuesta a secas: ¨2+2, casi siempre, da 4¨, ¨5+5, casi siempre, da 10…¨, y así se la pasaba en cada turno de clases, con el *casi siempre* a cuestas previo a la solución del ejercicio.

Cierta vez un alumno quiso saber el por qué de su ¨casi siempre¨, y éste, tal como si hubiera estado esperando toda una vida por la interrogante, con la mayor naturalidad le dijo que, digamos, 2+2 no siempre da 4, que dependía de quién realizase la operación matemática.

Vaya ocurrencia del profe, ¿verdad?

MI LETRA DE ENTRENAMIENTO

Mi gran amigo Noel Martínez, Maestro Nacional de ajedrez, y también oriundo de mi natal Jagüey Grande, Matanzas (Cuba), solía bromearme cada vez que veía plasmado algún escrito en un cuaderno u hoja, redactado por mi puño y letra; es decir, con lápiz o bolígrafo.

¨Pero, Calvo, ¿tú entiendes lo que dice ahí?, vaya, no hay quién entienda esos jeroglíficos...¨, así me decía entre risas.

Tan acostumbrado a escucharle expresiones de esa índole a Noel, también entre risas me ¨justificaba¨ diciéndole que el problema estaba en que soy zurdo y solemos escribir algo estrambótico, además de enfatizar que jeroglíficos o como le llamara, no tenía falta de ortografías.

¨No te fijes tanto en la forma, sino en el contenido. Además, esa es mi letra de entrenamiento (para momentos informales), pero mi letra de competencia es diferente, entonces sí escribo más legible¨, nunca faltaba, cual valor agregado, este comentario adicional de mi parte.

Y era muy cierto, en situaciones más formales soy cuidadoso a la hora de escribir; de hecho, no recuerdo que durante mis años de estudios algún profesor me haya señalado en algún examen que no entendía mi letra.

Tal vez a alguien le parezca una paradoja el argumento de que ¨esa es mi letra de entrenamiento (para momentos informales), pero mi letra de competencia es diferente, entonces sí escribo más legible¨, toda vez que, por ejemplo, llevándolo al plano deportivo, los entrenamientos son precisamente para mejorar el rendimiento atlético con vista a las competencias fundamentales previstas, de ahí que estableciendo una sinonimia, la lógica indica que en momentos informales yo debiera esmerarme por perfeccionar mi letra para momentos cumbres.

Pero no. Si no ameritaba la pena, prefería mis jeroglíficos, tal como mi gran amigo Noel Martínez bautizara a mi letra de entrenamiento.

EL QUE VENGA ATRÁS QUE EMPUJE

Temprano en la mañana se le veía caminar unos kilómetros hacia su parcela, y luego al mediodía, sin importarle cuánto castigara el sol, estaba de vuelta, tal como había ido, a pie. A sus 90 y tantos años mi tío abuelo Pedro aún trabajaba en el campo, hasta que comenzó a padecer de problemas en el corazón y en contra de su voluntad desde entonces se vio obligado a ver los toros desde la barrera.

De él se decía que no fue buen padre, que estando sus hijos pequeños no se preocupaba de ellos, que ensillaba su caballito blanco y se pasaba días fuera de su casa de parranda en parranda por Agramonte y otros poblados de Jagüey Grande (Matanzas, Cuba).

Mi tío Pedro siempre estuvo en contra del régimen político. Estuvo preso varios años por darle candela a un cañaveral. Bueno, él murió jurándonos que no había sido, que le echaron la culpa a él. Yo, ciertamente, creo que él mismo fue.

En los últimos años de su vida, se formó un litigio familiar en torno a la vivienda que él habitaba. Estaba a nombre de su difunta esposa, y entonces parientes de ésta comenzaron el dime que te diré por el inmueble.

Mi hermana Cheli le comentaba que debía solucionar ese problema, pues además tenía otra casa abandonada, cuyos papeles tampoco estaba en orden. ¨El que venga atrás que empuje…¨, así mi tío Pedro solía decir cada vez que traían el tema a colación.

Que no iba a hacer ningún trámite, que los que en un futuro habitaran las casas que sean los que lo hagan, de eso se trataba.

La casa donde vivía mi tío Pedro es ahora de parientes de su difunta esposa, mientras que en la otra vive el hijo de una señora amiga de él quien lo cuidó hasta su muerte hace unos pocos años.

Claro, supongo que ambas familias tuvieron que ¨empujar¨, hacer los trámites pertinentes que en vida no hizo mi tío Pedro, cuya frase. ¨El que venga atrás que empuje…¨ de vez en vez he usado para traerlo al presente.

NO ES LO MISMO CIENAGA DE ZAPATA QUE FRANCIA

Durante el 2003-2007 mi hermano Nibaldo y yo fuimos periodistas en el periódico Girón (Matanzas, Cuba). El llegó a ser el Coordinador del Humedal del Sur, mensuario dedicado a la Ciénaga de Zapata y al sur de Unión de Reyes, zonas pertenecientes al Plan Turquino –Manatí.

Todos los meses, mi hermano, junto a otro periodista, más fotógrafo y chofer, debía permanecer de 3 a 4 días en la Ciénaga de Zapata para realizar los trabajos que se publicarían en el Humedal.

Lo fijado por la dirección del Periódico era que todos los periodistas, alternativamente, tenían que acompañar a mi hermano en esos viajes, y para ello elaboraban un listado con la programación de a quién le tocaba cada mes. Pero a la hora de la verdad, nadie quería ir. Siempre andaban con excusas, no querían estar fuera de sus casas durante unos días.

¨Yo padezco de la presión…¨, ¨Yo no puedo dejar sola a mi esposa en la casa…¨, estas y otras justificaciones llovían por doquier por tal de incumplir con sus obligaciones laborales.

Pero yo, ni corto ni perezoso, acompañaba a

mi hermano cada mes. Y es que me gusta la Ciénaga, además de que nos permitía realizar muchísimos trabajos por iniciativa propia, sin que fueran ¨bajados¨ por el Partido. Estos eran los menos.

Cierta vez, Roberto Riera, jefe de Información, me quiso dar una mala evaluación de mi desempeño, pues según el, no estaba cumpliendo con mis planes de trabajo del periódico Girón. O sea, no valoró que además de los materiales encomendados para el periódico Girón, yo todos los meses me iba para la Ciénaga y asumía otras propuestas (del mensuario Humedal del Sur) que requerían tiempo.

Y daba risa, porque a sus amigotes les dio buenas evaluaciones, cuando lo menos que estaban haciendo era periodismo.

Entonces fue que dije que solo iría a la Ciénaga de Zapata cuando me correspondiera, y punto. Y mi hermano, con toda autoridad le dijo muy claramente a Clovis Ortega, director del Periódico: ¨A la Ciénaga de Zapata los periodistas buscan excusas para no ir. Que les digan de un viaje a Francia para trabajar para que veas que son los primeros…¨

Así fue mi hermano, tajante y contundente en su intervención, ante el asombro de Clovis al ver que a capa y espada defendíamos nuestros derechos, y no éramos tan tontos, ni fáciles de manipular.

ELIMINADOS DE LA LISTA NEGRA

Hacer un comentario crítico sobre los conductores de vehículos que no se detienen en los puntos de embarques de pasajeros, y acompañarlo de las correspondientes patentes de los mismos y organismo o Ministerio al que pertenecen. Eso me orientó Clovis Ortega, director del periódico Girón, de mi natal provincia Matanzas, Cuba, durante el periodo 2003-2007 en el que fungí como periodista.

Ante las carencias en el transporte público, en Cuba existen estos puntos de embarques, atendidos por inspectores llamados Amarillos por el color de su vestimenta, cuya función es detener a los vehículos estatales para embarcar a la población que se trasladan por la isla. Pero siempre pululan los conductores insensibles, quienes evaden su obligación. No andan creyendo en eso de ayudar al prójimo. Pues bien, me di a la tarea de realizar el trabajo periodístico encomendado. Y para ello me dirigí a la sede de los inspectores a nivel provincial, para que me facilitasen las patentes de todos lo vehículos que rehusaron detenerse con el objetivo de de ser publicados, acompañados del nombre del organismo o Ministerio al que corresponden.

Listo el trabajo, se lo presenté al director del periódico para la consabida censura de la que sufre la prensa cubana. Y vaya asombro del tipo al ver que en la extensa relación de conductores insensibles que no se habían detenido aparecían unos cuantos del Gobierno y otros del Partido Comunista de Cuba, del cual el periódico Girón es el órgano oficial. No, qué va, hay que quitar de la lista esos vehículos del Gobierno y del Partido, porque, imagínate, qué va a pensar el pueblo al ver que ellos no dan el ejemplo y no paran en los puntos de embarques... algo así expresó el director, y, efectivamente, los eliminó de la lista y el trabajo se publicó sin las patentes de esos conductores insensibles del Gobierno y el Partido Comunista.

Así son los que dirigen la prensa cubana.

VILLALONGA Y PACHECO ¨SE PRESTARON PA´ESO¨

Caminaba por mi natal Jagüey Grande (Matanzas, Cuba) cuando visualizo un auto marca Subaru color azul que se dirigía en dirección contraria a mí. Lentamente, el vehículo se me aproxima. Se detiene. ¨Arnaldo, íbamos para tu casa….queremos conversar contigo…¨, fueron las palabras de quienes iban dentro, Reynaldo González Villalonga y Ramón Pacheco, periodista y fotógrafo, respectivamente, del periódico Girón, donde mi hermano Nibaldo y yo trabajamos como periodistas durante el periodo 2003-2007.

La presencia de ellos se debía a que días atrás a mi hermano se le había presentado un viaje a México y no regresó, y entonces quisieron tomar represalias contra mí. Pero previendo eso, antes de que se enteraran de que mi hermano no regresaba, de inmediato solicité la baja del Periódico. En verdad, coincidentemente llevaba un tiempo padeciendo de hipertensión arterial debido a un excesivo estrés, por lo que ese fue el motivo que expuse.

Villalonga y Pacheco fueron aquel día a Jagüey Grande para citarme para que me presentara el día siguiente a la 1 pm en el periódico Girón, donde se analizaría mi caso. Se desplazaron unos 90 kilómetros desde la ciudad de Matanzas, con el consiguiente gasto de combustible, meramente para eso.

¨Tus compañeros de trabajo están muy disgustados contigo, dicen que tú sabías que tu hermano se iba a quedar y por eso pediste la baja….¨, no se me olvida que así textualmente me dijo Villalonga.

¨¿Y por qué esos que dicen ser compañeros míos no consideran que me fui porque estaba presentando problemas de salud, tal como constan en los certificados médicos en la oficina de Personal?¨, le espeté, y muchas cosas más, en tanto él redundaba en que sería bueno que fuese el día siguiente y expusiera mi parecer.

Por supuesto, no fui, en definitivas, desde días atrás yo había dejado de ser trabajador del Periódico, no tenía que hacer nada allá, sería bobo yo no saber que pretendían ¨acribillarme¨, allí estarían en pleno todo el Periódico, así como representantes del Partido Provincial, teniendo en cuenta que el Periódico Girón es su Órgano Oficial.

Reynaldo González Villalonga y Ramón Pacheco, son dos de los que al mi hermano tomar la decisión de quedarse en México, formaron parte de un plan macabro de represalias contra mí. En buen cubano, ¨¨se prestaron pa`eso.¨

EL CURA DE JAGÜEY GRANDE

Perdí la cuenta las veces que el Cura de mi Jagüey Grande natal (Matanzas, Cuba), hizo acto de presencia en el Combinado Deportivo 19 de Abril, donde me desempeñaba como profesor de ajedrez.

Encabezado por el director Fidel Díaz Tirse, más conocido por Fidelito, todas las mañanas se realizaban los matutinos, en el que alternativamente los propios trabajadores actualizábamos a los colegas sobre la situación actual de Cuba y el mundo. Luego, Fidelito u otro directivo pasaban a dar una serie de orientaciones.

En ocasiones, éstos se pronunciaban sobre ciertas irregularidades que venían sucediendo en el Combinado, entiéndase, indisciplinas laborales. Y entonces era cuando Fidelito, con toda la autoridad que le competía, luego de recalcar que todos teníamos que cumplir con lo establecido, de manera exaltada y con cierto énfasis solía agregar: ¨Y al que no le guste, que vaya a quejarse al Cura de Jagüey…¨.

Durante sus polémicas intervenciones ante el colectivo, una y otra vez insistía en que en caso de desacuerdo, fuéramos a quejarnos ante el Cura del pueblo. Claro, lo de quejarnos

ante el Cura era pura metáfora de él.
Interpreto que estableció una sinonimia entre
la queja y la confesión en la iglesia.
Que no le importaba que fuésemos a
quejarnos ante quién sea, que todos, sí o sí,
estábamos obligados a cumplir con el
reglamento disciplinario. Así traduzco su
expresión de que en caso de descontento
podíamos quejarnos ante el Cura de Jagüey,
quien de vez en vez hacía acto de presencia en
el Combinado 19 de Abril de la boca de Fidel
Díaz Tirse, Fidelito.

ENSAMBLADOR DE SUEÑOS

Como se ha hecho habitual, ayer me transporté a mi natal Jagüey Grande (Matanzas, Cuba). Ayer, como se ha hecho habitual, desanduve por las calles donde nací y me crié; ayer, lo cual no es habitual en mis ¨viajes¨ a mi terruño, estuve en mi primer centro laboral: La ensambladora de bicicletas, fábrica donde se armaban bicicletas, dirigida entonces por el viejo Borrego (ya fallecido), un tipo tan alegre y con un sentido del humor como pocos.

Ubicada en lo que ahora es la Empresa Eléctrica, en una de las salidas del pueblo, a principios de los 90´ trabajé allí como custodio (guardia) durante unos 7 meses. Y es que por problemas de salud me licenciaron del Servicio Militar antes de los 2 años que es el tiempo previsto (En Cuba es obligatorio el Servicio Militar para el sexo masculino) y debía dejar transcurrir los 2 años para poder reiniciar mis estudios en el Pre Militar en La Habana.

Al Pre Militar pueden acceder todos aquellos que culminen el Pre Universitario y no alcancen carreras universitarias. A tenor con la

Orden 18 de las Fuerzas Armadas Revolucionarias (FAR), una vez cumplido el Servicio Militar uno puede retomar estudios y optar por la Universidad. Así fue como me hice abogado y mi hermano Nibaldo economista.

Como les contaba, durante unos 7 meses hice guardia en la ensambladora de bicicletas… ¿Dije guardia? Bueno, en honor a la verdad, durante unos 7 meses dormí en las noches en la ensambladora de bicicletas, en la que se divisaban dos grandes naves repletas de bicicletas para armar.

En la entrada principal había una pequeña garita, crcada para que durante el día los guardias permanecieran allí, y en las noches debían dar recorridos por el lugar para detectar cualquier anormalidad.

Yo durante el día aprovechaba el tiempo para leer y estudiar ajedrez, le saqué provecho a la situación para alimentar mi sapiencia. Ya en la noche, en que debía más que todo custodiar el lugar, dormía. Sí, incumplía con mis funciones laborales y lo admito sin complejos.

No se lo recomiendo a los que cumplen tamaña responsabilidad. Y que conste, no me considero irresponsable, soy muy celoso con mis funciones; pero bueno, a lo José José, lo pasado, pasado, ¿verdad?

En las noches me encerraba en la garita, ponía mi radio a bajo volumen, desenfundaba el machete que solía llevar para en caso de alguna situación…y a dormir se ha dicho. Hasta la mañana del día siguiente.

Por suerte, jamás me sorprendieron incumpliendo mis obligaciones laborales. Y jamás ocurrió alguna anomalía (robo…) mientras dormía; digo, mientras ¨cumplía¨ con mis obligaciones laborales.

La ensambladora de bicicletas de Jagüey Grande, mi primer centro de trabajo. Ayer, más de 20 años después, me vino a la mente. Ayer, más de 20 años después, regresé a la garita donde ¨ensamblé¨ infinitos sueños.

CHANCLETAS CON ALAS

Tiempo atrás, una pariente de mi difunta abuela que vive en el extranjero visitó Cuba. Los días que anduvo en la isla se sintió como un dulce rodeado de moscones. Y es que la familia, sin el menor escrúpulo, no dejaba de interesarse por esto y por aquello que había llevado consigo.

Era demasiado. No tenían la mayor prudencia de dejar que la señora determinara por sí sola si le dejaba a alguien en particular esto o aquello. Pero lo gracioso vino al momento de su regreso. Desaparecieron unas lindas chancletas, tal como si tuvieran alas. Busca que te busca, y nada, no aparecían.

¡Tía, míralas aquí, yo te las escondí jugando!, de pronto se escucha a una joven decir, quien durante todo el tiempo de la búsqueda de las chancletas había mantenido punto en boca. Más claro que el agua. Las había escondido a propósito, justamente el día de retorno de la tía. Si ésta no se daba cuenta, pues se quedaba con ellas. Y cn caso de que se creara la situación que se originó, como si uno fuera tonto saldría con que las había escondido jugando. Vaya juego, ¿verdad?

¡RECOGE ANDENGUE!

Jugar a las bolas formó parte inseparable de mi niñez en mi Jagüey Grande natal (Matanzas, Cuba). El parquecito de diversiones, que aún se encuentra a unas pocas cuadras de la casa, muy cercano a la estación de Policías, era uno de los lugares donde se congregaban una gran multitud de muchachos para jugar a las bolas.

El Dengue, todos conocían por este apodo a aquel muchacho que prácticamente se pasaba todo el día en el parquecito jugando a las bolas. De voz ronca, hablar ininteligible y con evidente estrabismo en uno de sus ojos, por su retraso en el aprendizaje escolar fue derivado a la entonces llamada Escuela Taller, donde a aquellos como él se les preparaba para el desempeño de algún oficio. Que fuesen útiles a la sociedad, esa era la idea.

Pero, en el caso de El Dengue (así se le denomina a una enfermedad infecciosa de causa viral), no era un inútil ni nada de eso… Al menos jugando a las bolas no lo era.

¡¨Recoge El Dengue…!, solía expresar de manera indistinta antes o después de uno de esos tiros certeros, salido de su mano zurda, que desparramaban las bolas situadas dentro del circulo hecho en la tierra, y por lo tanto, le correspondía aquellas que quedasen fuera. Dentro del círculo se ubicaban determinada cantidad de bolas de cada jugador (según lo que hubiesen acordado), y desde una línea a cierta distancia cada uno afinaba su puntería y lanzaba una bola para intentar hacer contacto con alguna(s) de las encerradas en el círculo. Había que tratar que al hacer contacto, alguna(s) saliese del ¨encierro¨.

El Dengue tenía una puntería endemoniada. Cuando decía ¡Recoge el Dengue!, no había caso, no fallaba, su bola lanzada cumplía su cometido. Que yo sepa, siempre regresaba a su casa con los bolsillos llenos de éstas.

Muy mañoso era El Dengue. En un contador (medidor de corriente eléctrica instalados en los costados de las casas) le gustaba rayar ¨el tiro¨ (bola que utilizaba para lanzar), pasaba ratos en eso. Decía que le daba suerte.

La expresión ¡¨Recoge El Dengue…! , antes o luego de lanzar la bola, se hizo muy popular en aquel parquecito infantil entre quienes íbamos a jugar. Todo el mundo recurría a la misma, tal vez como una manera de atraer la ¨suerte¨ de El Dengue. Y hasta surgieron los coros de ¡¨Recoge El Dengue…! cada vez que éste entraba en acción.

Con el tiempo, la famosa expresión se fue distorsionando, y ya no era ¡¨Recoge El

Dengue…! Sino ¡Recoge Andengue!
Buena persona El Dengue, quien con su
talento para jugar a las bolas, acompañado de
su célebre frase, se ganó la admiración de
todos los que asistíamos al parquecito del
barrio allá en los finales de los 70`y durante
los 80`.

EL TOMEGUÍN DE TORE

Orgulloso de su tomeguín recién comprado, así estaba Modesto, más conocido por Tore. Contemporáneo conmigo y mi hermano Nibaldo (teníamos entonces unos 9 ó 10 años), llegó a su casa con aquel ave endémica de Cuba, mientras algunos muchachos de la cuadra en nuestro Jagüey Grande natal (provincia Matanzas) comentaban sobre el tomeguín de Tore.

Otro niño se lo había vendido relativamente barato, y Tore no perdió el chance. Y es que entonces estaba muy de moda en el pueblo criar tomeguines y otros tipos de pajaritos. Pero lo barato….resulta que el tomeguín de Tore no resultó ser tomeguín. ¡Era un gorrión pintado con los colores del tomeguín y se lo vendieron como tal! Lo increíble, niño entonces y muy ingenuo, a Tore le vendieron gato por liebre; digo, gorrión por tomeguín.

MI TOCAYO ARNALDO

Yo fui un intento de boxeador. Así le digo a la gente que se desayuna que otrora incursioné en la práctica del boxeo.

Todo comenzó por mero embullo. Mi hermano Alfredo había comenzado en el mismo hacía poco tiempo, y entonces fue que a mi hermano gemelo Nibaldo y a mí nos prendió el bichito por la viril disciplina.

También influyó el montón de revistas deportivas que tenía Alfredo (luego pasaron a propiedad nuestra). Pues sí, mediante ellas nos adentramos en el acontecer del deporte de los puños, y sobre todo, nos fuimos inventando el boxeador que queríamos ser.

El biotipo que poseíamos fue clave para que en apenas 6 meses de entrenamiento nos promovieran para la EIDE. Y hasta pasamos por la ESPA, ambas escuelas de alto rendimiento.

En mis tiempos de boxeador; digo, de intento de boxeador, encontré en el holguinero Arnaldo Mesa a mi gran ídolo.

El hecho de llevar mi mismo nombre (no conozco a ningún otro en Cuba, me refiero a los más encumbrados), además de ser zurdo como yo, me hizo identificarme rápidamente con él.

Disfrutaba su peculiar forma de pelear. Con la mano derecha algo baja, desprotegía completamente el rostro, para provocar al rival a que atacase y entonces boxearle a la riposta.

Dice mi amigo Jesús que Arnaldo Mesa era un payaso, precisamente por su forma tan única de combatir. Bueno, para gustos se hicieron los colores, ¿verdad?

En los finales del 80´y la década del 90´ se erigió como el rey de los 54 y 57 kilogramos en Cuba. Internacionalmente obtuvo sus éxitos, tales como el subtítulo en los Juegos Olímpicos de Atlanta´96, y tres veces resultó medallista de bronce en campeonatos mundiales (Reno´86, Moscú´89 y Sydney´91).

Yo hasta llegué a imitarlo. Quería ser como él. Pero qué va, Arnaldo Mesa era insuperable, al menos para mí. Y es que, repito, yo solo fui un intento de boxeador.

No pude llegar tan lejos como quise en el boxeo. Pero como quiera que sea, muchacho al fin, tuve mi ídolo, el cual me vino con mucha fuerza a la mente el 17 de diciembre de 2012, cuando recibí la noticia de su fallecimiento debido a un paro cardíaco.

 Quedé impactado. Y es que solo contaba con 46 años, toda una vida por delante. Desde su retiro oficial no había sabido nada más de él, pero a raíz de su deceso me enteré de que se encontraba transmitiendo sus conocimientos en la Academia Provincial de Holguín.

Murió Arnaldo Mesa. Mi tocayo Arnaldo, quien en mis tiempos de boxeador; digo, de intento de boxeador, se convirtió en mi gran ídolo.

RENÉ ARBITRA LA MEJOR PELEA DE SU VIDA

Hay personas que en un momento desaparecen de nuestras vidas, cada quien toma su rumbo y por nuestras mentes jamás ni imaginar que algún día las reencontraremos. Tal vez la evoquemos en ciertos momentos; pero ya, solo eso.

Gracias a la magia de las redes sociales, 26 años después mi hermano gemelo Nibaldo y yo nos reencontramos con un viejo amigo, de cuando nosotros practicábamos boxeo y estudiábamos en la Escuela de Perfeccionamiento Atlético (ESPA) Calixto García, T-21, en las afueras del poblado de Torriente, en Jagüey Grande, Matanzas (Cuba).

René así se llama el amigo, quien entonces fungía en el recinto como profe de Química y subdirector, además de ser árbitro de boxeo.

Él fue quien primero nos contactó en este reencuentro. Dice que al ver que en Facebook Nibaldo dejó un comentario sobre Onay Sotomayor, el Chuti, también boxeador y compañero nuestro de la ESPA, lo reconoció sin dejarse de interrogar por el otro jimagua (gemelo). Luego me contactó e iniciamos el intercambio.

De manera jocosa yo le comentaba que seguro él jamás iba a imaginarse que iríamos de un extremo a otro, del boxeo al ajedrez, en tanto me dice que casualmente su nieto de 9 años practica ajedrez y ha obtenido destacados resultados.

Pensé que René aún seguía ligado al mundo del arbitraje boxístico; pero no, apostó por la Química, se hizo Máster y ahora desde hace unos meses anda por África, en Zaire, impartiendo la asignatura en una Universidad. Esta es la mejor pelea que René podía arbitrar en su vida.

Nota: Cual ironía de la vida, semanas después de asiduo intercambio mediante Facebook, el mismo medio que facilitó nuestro reencuentro, recibimos la triste noticia sobre el repentino fallecimiento de René. Lo lamenté mucho, tanto que unas lágrimas asomaron en mis mejillas…

29451731R00026

Printed in Great Britain
by Amazon